KB275732

크리스마스 이야기

크리스마스 이야기

제1판 1쇄 2005년 12월 10일

지은이—브렌든 파월 스미스

옮긴이—유영소

펴낸이—강규순

펴낸곳—숲

등록—2002년 12월 14일 제20-279호

주소—경기도 고양시 일산구 백석동 1301 101동 912호(411-817)

전화—(031)901-9441 팩스—(031)901-9442

E-mail—booksoop@korea.com

ISBN 89-91290-11-6 03230

값 8,500원

THE BRICK TESTAMENT: THE CHRISTMAS STORY retold and illustrated by

Brendan Powell Smith

Text Copyright © 2004 by Brendan Powell Smith

First published in English by Quirk Books, Philadelphia, Pennsylvania

Korean Translation Copyright © 2004 by SOOP Publishing

All rights reserved.

The Korean language edition published by arrangement with

Quirk Books through MOMO Agency, Seoul.

이 책의 한국어판 저작권은 모모 에이전시를 통해

Quirk Books 사와의 독점 계약으로 도서출판 숲에 있습니다.

저작권법에 의해 한국 내에서 보호를 받는 저작물이므로

무단전재와 무단복제를 금합니다.

크리스마스 이야기

예수님은 이렇게 태어나셨어요.

This is how Jesus Christ came to be born.

마태복음 1:18

하나님이 천사 가브리엘을 보내셨어요.

갈릴리 지방의 나사렛 마을로 가서, 한 처녀를 만나라고 하셨지요.

God sent the angel Gabriel to a town in Galilee called Nazareth ...

누가복음 1:26

그 처녀의 이름은 마리아!

다윗의 자손 요셉과 결혼을 약속한 사이였지요.

... to a virgin betrothed to a man named Joseph,

who was descended from King David.

The virgin's name was Mary.

누가복음 1:27

천사 가브리엘이 마리아에게 말했어요.

"기뻐하세요! 은혜 받은 아가씨! 주님께서 그대와 함께 하신답니다."

The angel came to her and said,

"Greetings, highly favored one! The Lord is with you."

누가복음 1:28

마리아는 너무 놀랐어요.

그리고 천사가 전해 준 말이 무슨 뜻인지 몰라 어리둥절했지요.

Mary was greatly troubled by his words,

and wondered what this sort of greeting might mean.

누가복음 1:29

천사가 마리아에게 말했어요.
"아가씨는 곧 아들을 낳으실 거예요.
아기가 태어나면 꼭 '예수'라고 이름 지으셔요."

The angel said to her, "Listen! You will conceive in your womb

and bear a son. You will name him Jesus."

누가복음 1:30-31

"하지만 저는 결혼도 하지 않은 걸요. 어떻게 그럴 수 있나요?"

천사에게 마리아가 물었어요.

Mary said to the angel,

"How can this happen if I am a virgin?"

누가복음 1:34

천사가 대답했어요.

"하나님의 능력으로요. 성령이 그대에게 오신답니다."

The angel answered,

"The Holy Ghost will come upon you."

누가복음 1:35

천사 가브리엘은 마리아를 떠나 하나님께 돌아갔어요.

And the angel left her.

누가복음 1:38

마리아는 산에 있는 한 동네로 급하게 달려갔어요.

Shortly afterward, Mary got up and hurried off to the hill country.

누가복음 1:39

마리아가 찾아간 곳은 예언자 스가랴의 집이었는데,

마침 그의 아내 엘리사벳이 나와 마리아를 맞아 주었어요.

마리아는 공손히 인사하며 말했어요.

She entered the house of Zechariah the priest

and greeted his wife, Elizabeth.

누가복음 1:40

"저의 영혼이 주님을 찬양한답니다.

주님은 전능하신 팔로 강한 힘을 보이시고

마음이 교만한 사람들을 흩어 버리셨어요."

Mary said, "My soul exalts the Lord in praise!

He has wrought mighty deeds with his arm.

He has scattered the proud and arrogant."

누가복음 1:51

“왕들을 왕좌에서 끌어내리신 걸요.”

“He has cast down rulers from their thrones.”

누가복음 1:52

"그리고 겸손하고 낮은 사람을 높이셨지요."

"And has raised up the lowly."

누가복음 1:52

마리아는 엘리사벳과 세 달쯤 함께 지내다가

집으로 돌아왔어요.

Mary remained with Elizabeth for about three months,

and then returned home.

누가복음 1:56

마리아가 성령으로 아기를 가진 사실이 알려졌어요.

Mary was found to be with child of the Holy Ghost.

마태복음 1:18

마리아의 신랑이 될 요셉은 아주 착한 사람이라서

마리아를 부끄럽게 하고 싶지 않았어요.

그래서 조용히 떠나려고 했지요.

Being an upright man, and not wanting to disgrace her in public,

Joseph had decided to leave Mary quietly.

마태복음 1:19

그 때, 요셉의 꿈에 하나님의 천사가 나타나 말했어요.

"요셉! 무서워하지 말고 마리아를 아내로 맞이하세요.

마리아가 품은 아기는 성령으로 인한 것이랍니다.

아기는 아들로 태어날 것인데, 그 이름을 '예수'라 지으세요."

But as he considered this, an angel of the Lord appeared to him in a dream, saying,

"Joseph, do not be afraid to take Mary as your wife.

The child in her is of the Holy Ghost.

She will give birth to a son. You will name him Jesus."

마태복음 1:20-21

그 즈음, 인구 조사를 실시한다는 명령이 내려졌어요.

사람들은 모두 자기 고향으로 가서 호적을 등록해야 했어요.

요셉도 다윗의 동네 베들레헴으로 가야 했지요.

요셉은 마리아와 함께 길을 떠났어요.

About this time, Caesar Augustus ordered a census of the entire Roman Empire,

and so everyone went to their own towns to be registered.

Because he was a descendant of King David,

Joseph set out from Nazareth to the town of David,

called Bethlehem, to register with Mary, his betrothed.

누가복음 2:1, 3-5

그들이 마구간에 머무는 동안 마리아는 첫아들을 낳았어요.

While they were there, the time came for Mary to deliver her child,

and she gave birth to her firstborn son.

누가복음 2:6-7

마구간 빼고는 그들이 들어갈 방이 없었거든요.

마리아는 아기를 포대기에 싸서 여물통 안에 눕혔어요.

She wrapped him in bands of cloth, and laid him in a manger,

because there was no room for them at the inn.

누가복음 2:7

근처의 들에는 밤새도록 양 떼를 지키는 목자들이 있었어요.

There were some shepherds out in the nearby fields,

keeping watch over their flock at night.

누가복음 2:8

주님의 천사가 그들 앞에 나타났어요.

주님의 영광이 두루 비치자, 목자들은 무서워 벌벌 떨었어요.

천사가 목자들에게 말했어요.

An angel of the Lord appeared before them,

and the glory of the Lord shone around them.

The shepherds were terrified.

누가복음 2:9

"무서워하지 마세요!

오늘 다윗의 동네에 구세주가 나셨으니, 이는 곧 그리스도 주님이시지요.

포대기에 싸여 여물통 안에 누워 있는 아기를 보게 될 거예요.

바로 이것이 여러분에게 주는 징표랍니다."

But the angel said, "Don't be afraid! Listen, a Savior has been

born to you today who is Christ the Lord. Here is your sign:

you will find a baby wrapped in strips of cloth, lying in a manger."

누가복음 2:10-12

갑자기 천사들이 수도 없이 많이 나타나 함께 노래했어요.

"지극히 높은 곳에서는 하나님께 영광!

땅에서는 주님이 기뻐하는 사람들의 평화!"

Suddenly, a multitude of the heavenly host was there with the angel,

praising God and saying, "Glory to God in the highest,

and on earth peace among men he favors."

누가복음 2:13-14

목자들은 서둘러 달려갔어요.

So the shepherds left in a hurry.

누가복음 2:16

그리고 마침내 마리아와 요셉과 여물통에 누운 아기를 찾아 냈지요.

And they found Mary and Joseph, and the baby was lying in the manger.

누가복음 2:16

목자들은 이 아기에 대해 자기들이 들은 말을 사람들에게 알렸어요.

사람들은 모두 목자들의 이야기를 이상히 여겼지요.

Having seen the baby, the shepherds made known

what hey had been told abou this child.

All who heard the news marveled at the things the shepherds told them.

누가복음 2:17-18

아기가 태어나고 8일이 지나 할례를 할 때가 되었어요.

바로 이 때부터 아기를 '예수'라 부르게 되었답니다.

After eight days passed, it was time for the child to be circumcised.

He was given the name Jesus.

누가복음 2:21

동방에서 온 박사들이 예루살렘에 와서 물었어요.

"유대인의 왕으로 나신 이가 어디에 계십니까?

우리는 그의 별이 뜬 것을 보고 경배하러 왔습니다."

After Jesus was born, some magi from the east came to Jerusalem,

saying, "Where is he who is born King of the Jews?

For we saw his star when it rose, and have come to do him homage."

마태복음 2:1-2

이 말을 들은 헤롯 왕은 깜짝 놀랐어요.

예루살렘 전체가 들썩거렸지요.

When Herod the king heard about this,

he was disturbed, as was all of Jerusalem with him.

마태복음 2:3

헤롯 왕은 대제사장들과 율법학자들을 불러 모아

그리스도가 어디에서 태어나시는지 물었지요.

그들이 대답했어요.

"예언자가 기록해 두기를 유대 베들레헴이라고 했습니다."

Gathering together all the chief priests and experts on the Law of Moses,

King Herod asked them where the Messiah was to be born.

They said to him, "At Bethlehem in Judea, just as it was written by the prophet."

마태복음 2:4-5

헤롯 왕은 박사들을 불러 베들레헴으로 보내며 말했어요.

"가서 아기를 잘 찾아보시오.

그리고 그를 찾으면 나에게도 일러 주시오.

나도 가서 그를 경배할 것이오."

Then King Herod summoned the magi. He sent them off to Bethlehem, saying,

"Go and search for the young child. When you have found him,

let me know, so that I may also go and do him homage."

마태복음 2:7-8

박사들은 왕의 말을 듣고 길을 떠났어요.

동방에서 보았던 그 별이 그들 앞에 다시 나타났어요.

별은 그들을 앞서 안내하다가,

아기가 있는 바로 그 곳에 이르러 딱 멈추었어요.

Having listened to the king, the magi set off.

The star that they had seen rising went on before them

until it came to a stop over the place where the child was.

마태복음 2:9-10

박사들이 집에 들어가 보니, 정말 아기가 있었어요.
그의 어머니 마리아와 함께요.

They came into the house and saw the young child with his mother, Mary.

마태복음 2:11

박사들은 엎드려 아기에게 경배했어요.

그리고 보물 상자를 열어 황금과 유향과 몰약을 예물로 드렸지요.

They bowed down and did him homage.

Opening their treasures, they offered gifts of gold, frankincense, and myrrh.

마태복음 2:11

박사들은 헤롯 왕에게 돌아가지 말라는 꿈을 꾸었어요.

그래서 다른 길로 자기 나라에 돌아갔어요.

But the magi were warned in a dream that they should not return to King Herod,

and so they traveled back to their own country by a different route.

마태복음 2:12

요셉의 꿈에도 하나님의 천사가 나타나 말했어요.

"어서 일어나요! 아기와 아내를 데리고 이집트로 피하세요.

헤롯 왕이 아기를 찾아 죽이려고 해요.

내가 말해 줄 때까지 거기에 있어야 합니다."

After the magi had left, an angel of the Lord appeared to Joseph in a dream

and said, "Get up and take the child and his mother. Flee into Egypt.

Stay there until I tell you, for King Herod will be searching for the child to destroy him."

마태복음 2:13

잠에서 깬 요셉은 그 밤에 아기와 마리아를 데리고 이집트로 갔어요.

Joseph got up that night and took the child and his mother, and went to Egypt.

마태복음 2:14

헤롯 왕은 그 때서야 박사들에게 속은 것을 알고 몹시 화가 났어요.

When King Herod realized that he had been tricked by the magi, he was furious.

마태복음 2:16

헤롯 왕은 군사들을 보내어 베들레헴과 그 근처에 사는

두 살 아래의 남자 아이들을 모두 죽였어요.

He sent out soldiers to kill all the male children two years old or younger

throughout Bethlehem and the surrounding countryside.

마태복음 2:16

하나님의 천사가 다시 요셉의 꿈에 나타났어요.

헤롯 왕이 죽었거든요.

"일어나세요! 이제 아기와 아내를 데리고 이스라엘 땅으로 가세요.

아기를 죽이려던 자들이 죽었답니다."

After King Herod died, an angel of the Lord appeared to Joseph in a dream,

saying, "Get up and take the child and his mother.

Go to the land of Israel, for those who sought to kill the child are dead."

마태복음 2:19-20

요셉은 일어나 아기와 아내를 데리고 이스라엘 땅으로 돌아왔어요.

Joseph got up and took the child and his mother, and returned to the land of Israel.

마태복음 2:21

그러나 요셉은 유대 지방으로 가는 것이 무서웠어요.

헤롯 왕의 아들 아켈라오가 왕이 되었다는 소식을 들었으니까요.

이번에도 요셉은 꿈으로 지혜를 얻어

갈릴리 지방의 나사렛 마을로 가서 살게 되었지요.

But when he heard that Archelaus, the son of King Herod, was reigning over Judea,

Joseph was afraid to go there. Then being warned by God in a dream,

he withdrew to the region of Galilee and came to live in a town called Nazareth.

마태복음 2:22

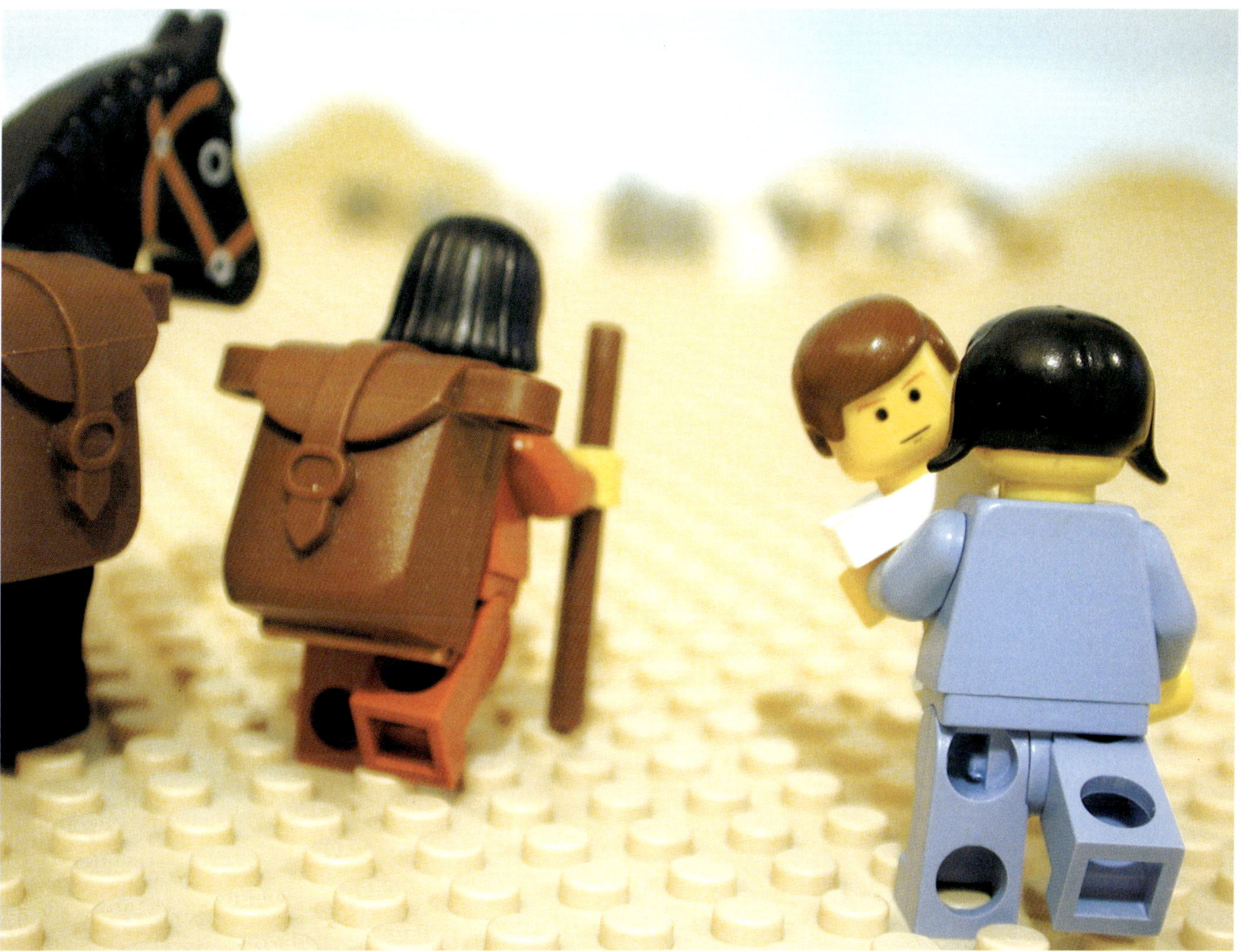

아기는 자랄수록 점점 튼튼해지고 지혜로워졌어요.

하나님의 은혜가 늘 그와 함께 했으니까요.

The child grew and became strong and filled with wisdom.

And God's favor was with him.

누가복음 2:40

이것이 바로 **크리스마스**, 예수님이 태어나신 이야기랍니다.

And that is the story of Christmas.

이 책을 지은 **브렌든 파월 스미스**(Brendan Powell Smith)는

어느 날 느긋한 점심을 즐기다가 하나님의 음성을 듣고

(글쎄, 그 맛있는 부리토의 콩들이 확 타오르면서 하나님의 음성이

들렸다지 뭐예요!) 레고로 성경의 일러스트레이션을 만들기 시작했대요.

레고로 성경의 장면을 만드는 내내 하나님과 대화했다는 그는

그 전에는 하나님을 믿는 사람도 아니었고

블록을 쌓는 특별한 재능도 없었다고 해요.

신기하고도 재미난 그의 작업은 곧 많은 사람들의 관심을 끌며

『타임』『피플』『스핀』지 같은 유명한 언론에 소개되었고

이렇게 세계 여러 나라에서 책으로도 나오게 되었지요.

글을 옮긴 **유영소**는 'MBC창작동화대상'과 '마해송문학상'을 받은 동화 작가예요.

동화를 쓰기 전에 항상 먼저 하나님께 기도한대요. 지금까지 나온 책으로는

『할머니랑 달강달강』『알파벳 벌레가 스멀스멀』『겨울 해바라기』 등이 있답니다.